"A Santa Ceia

Quem pode tomar a Santa Ceia?

"A Santa Ceia

Quem pode

tomar a
Santa Ceia?

Moises da Vitória Ribeiro

Publicado por primera vez en Brasil en 2023 por nome Moises da Vitória Ribeiro.

Impreso por Amazon
Printed by Amazon
2023

ISBN 9798873257133
Independently published
Publicação Independente

O QUE É A SANTA CEIA (SIGNIFICADO BÍBLICO)

A Santa Ceia, também conhecida como Ceia do Senhor, é um ritual cristão que tem suas raízes na Bíblia, mais especificamente n os relatos dos Evangelhos quedescrevem a última ceia de Jesus Cristo com seus discípulos antes de sua crucificação. Este evento é fundamental para a compreensão da Santa Ceia no contextobíblico.

De acordo com os Evangelhos de Mateus, Marcos, Lucas e João, durante a última ceia, Jesus compartilhou pão e vinho com seus discípulos, instituindo assim a celebração da Santa Ceia como um memorial do seu sacrifício iminente na cruz. Esses elementos simbolizam o corpo e o sangue de Jesus,representando a oferta da sua vida como um sacrifício pelos pecados da humanidade.

A instituição da Santa Ceia é mencionada de forma mais detalhada no Evangelho de Lucas (22:14-20), onde Jesus diz aos discípulos para fazerem isso em memória dele. A ideia central por trás da Santa Ceia é acomunhão e a lembrança do sacrifício redentor de

Jesus. Além disso, as Escrituras enfatizam a importânciade participar da Ceia do Senhor de maneira reverente e com autoexame, conforme descrito em 1 Coríntios 11:23-32.

As tradições e interpretações da Santa Ceia podem variar entre as diferentes denominações cristãs. Algumas veem a ceia como um sacramento que confere graça, enquanto outras a consideram principalmente como um ato simbólico de obediência e comunhão espi ritual com Cristo.

Independentemente das interpretações teológicas, a Santa Ceia continua a desempenhar um papel central na adoração cristã, sendo celebrada regularmente em muitas igrejas ao redor do mundo como um meio delembrar o sacrifício de Jesus e renovar o compromis so dos crentes com sua fé.

bymoisesribeiro

Versículos sobre a Ceia do Senho

A Ceia do Senhor, também conhecida como Santa Ceia ou Eucaristia, é um momento significativo nas tradições cristãs, simbolizando a comunhão dos fiéis com Cristo. Este sacramento tem suas raízes na Última Ceia, um evento cruci alna vida de Jesus Cristo, onde Ele compartilhou o pão e o vinho com Seus discípulos antes de Sua crucificação.

Os versículos bíblicos relacionados à Ceia do Senhor destacam a importância espiritual e simbólica desse ato sagrado. Um dos textos mais citados encontra-se no Novo Testamento, nos Evangelhos, onde Jesusinstitui a Ceia:

Mateus 26:26-28 (NVI): "Enquanto comiam, Jesus tomou o pão, deu graças, partiu-o e o deu aos seus discípulos, dizendo: 'Tomem e comam; isto é o meu corpo'. Em seguida, tomou o cálice, deu graças e o ofereceu aos discípulos, dizendo: 'Bebam dele todos vocês. Isto é o meu sangue da aliança, que é derramado em favor de muitos, para perdão de pecados'."

Essas palavras de Jesus durante a Última Ceia estabeleceram a prática da Ceia do Senhor como um meio-de lembrar o sacrifício redentor de Cristo e renovar o compromisso dos crentes com Ele. Paulo, em suas epístolas, também aborda a importância e o significado espiritual da Ceia:

1 Coríntios 11:23-26 (NVI): "Pois recebi do Senhor o que também lhes transmiti: Que o Senhor Jesus, na noite em que foi traído, tomou o pão e, tendo dado graças, o partiu e disse: 'Isto é o meu corpo, que é dado por vocês; façam isto em memória de mim'. Da mesm a forma, depois da ceia, tomou o cálice, dizendo: 'Este cálice é a nova aliança no meu sangue; façam isso, sempre que o beberem, em memória de mim'.Porque, sempre que comerem deste pão e beberem deste cálice, vocês anunciam a morte do Senhoraté queele venha."

Esses versículos ressaltam a natureza memorial da Ceia do Senhor, enfatizando a importância de se lembrar do sacrifício de Cristo e renovar a comunhão com Ele. A prática da Ceia é vista como um ato deadoração, reflexão e gratidão pelos cristãos em todo o mundo, unindo- os na fé e na esperança da redenção através do corpo e sangue de Jesus Cristo.

SÍMBOLOS DA CEIA DO SENHOR

A Ceia do Senhor, também conhecida como Santa Ceia, é um ritual cristão que remonta à Última Ceia de Jesus com seus discípulos, conforme descrito nos Evangelhos do Novo Testamento da Bíblia. Este evento é celebrado de maneiras diversas nas diferentes tradições cristãs, mas há símbolos comuns que permeiama maioriadaspráticas.

Pão e Vinho:

Pão: Representa o corpo de Cristo. Durante a Última Ceia, Jesus partiu o pão e o deu aos seusdiscípulos, dizendo: "Tomai, comei; isto é o meu corpo que é dado por vós" (Mateus 26:26).

Vinho: Simboliza o sangue de Cristo, derramado para a remissão dos pecados. Jesus ofereceu o vinho aos discípulos, afirmando: "Bebei dele todos; porque isto é o meu sangue, o sangue do novopacto, derramado em favor de muitos, para remissão de pecados" (Mateus 26:27-28).

Cálice:

O recipiente que contém o vinho, é muitas vezes visto como um símbolo da aliança entre Deus e oscrentes, estabelecida através do sacrifício de Cristo.

Lavagem dos Pés:

Em algumas tradições cristãs, a lavagem dos pés é associada à Ceia do Senhor. Isso simboliza a humildade e o serviço, lembrando a atitude de Jesus ao lavar os pés de seus discípulos como umexemplo deamore serviço mútuo.

Cruz:

A cruz é um símbolo central do cristianismo e, por extensão, da Ceia do Senhor. Ela representa osacrifício de Cristo na cruz para a redenção da humanidade.

Ação de Graças e Memorial:

A celebração da Ceia do Senhor envolve uma ação de graças, onde os crentes expressam gratidãopelo sacrifício de Cristo. Além disso, a ceia é vista como um memorial, um meio de recordar e proclamar a morte de Cristo até que Ele retorne (1 Coríntios 11 :23- 26).

Comunhão e Unidade:

A participação na Ceia é vista como um ato de comunhão não apenas com Cristo, mas tambémcom outros crentes. Simboliza a unidade do corpo de Cristo, a igreja.

Cada símbolo na Ceia do Senhor tem significado profundo e proporciona uma experiência espiritual ricapara os participantes, conectando- os à história bíblica e à promessa da redenção em Cristo.

QUEM PODE TOMAR A CEIA?

A Ceia, muitas vezes referindo-se à Ceia do Senhor ou Santa Ceia, é uma prática cristã significativa que tem variações em sua interpretação e prática em diferentes denominações e tradições cristãs. A pergunta "Quem pode tomar a Ceia?" remete a considerações teológicas, eclesiásticas e bíblicas.

Aspectos Teológicos:

Redenção e Fé: Muitas tradições cristãs ensinam que a Ceia é um ato sagrado de comunhão que representa a redenção proporcionada por Jesus Cristo.A participação é frequentemente associadaàféemCristo como Salvador.

Exame de Consciência: Algumas denominações enfatizam a importância do exame de consciência antes de participar na Ceia, encorajando os crentes a se arrependerem de seuspecados e buscarem a reconciliação com Deus e os outros.

Aspectos Eclesiásticos:

Membros da Comunidade Cristã: Muitas igrejas permitem que seus membros participem da Ceia,considerando-a como um ato de comunhão e unidade dentro da comunidade cristã local.

Visitantes e Não-Membros: Algumas igrejas estendem a participação na Ceia a visitantes e não- membros, enquanto outras reservam essa prática para aqueles que fazem parte da comunidadelocal ou compartilhamde sua fé.

Aspectos Bíblicos:

1 Coríntios 11: Este capítulo da Bíblia é frequentemente citado em discussões sobre a Ceia. Paulo aborda a seriedade da participação na Ceia e destaca a importância de discernir o corpo e o sanguede Cristo, evitando uma participação indigna.

Inclusividade e Restrição: As interpretações desses textos bíblicos variam, e algumas tradições defendem uma abordagem mais inclusiva, enquanto outras podem imporcertas restrições, como aidade, obatismo prévio ououtroscritérios.

Variações Denominacionais:

Catolicismo: Na tradição católica, a Ceia é vista como um sacramento central, e a participação érestrita aos católicos batizados. A transubstanciação, a transformação real do pão e do vinho no corpo e no sangue de Cristo, é uma doutrina central.

Protestantismo: Diferentes denominações protestantes têm abordagens variadas. Algumas adotam uma perspectiva mais simbólica da Ceia, enquanto outras a veem como uma expressãomais sacramental.

Em última análise, a resposta para a pergunta sobre quem pode tomar a Ceia pode depender das crençasteológicas e práticas específicas de uma igreja ou denominação. A comunhão é frequentemente vista como um meio de lembrar e celebrar a morte e ressurreição de Cristo, promovendo a unidade na fé e na comunidade cristã.

QUEM ESTAVA COM JESUS NA ÚLTIMA CEIA?

A última Ceia, também conhecida como a Ceia do Senhor, é um evento significativo na tradição cristã, especialmente para o cristianismo ocidental. Segundo os relatos do Novo Testamento na Bíblia, a última Ceia foi realizadadurante a Páscoa judaica, pouco antes da crucificação de Jesus.

De acordo com os Evangelhos sinópticos (Mateus, Marcos e Lucas), Jesus compartilhou essa refeição com seus discípulos. Os discípulos presentes incluíam os Doze Apóstolos: Pedro, Tiago, João, André, Filipe, Bartolomeu, Mateus, Tomé, Tiago (filho de Alfeu), Tadeu, Simão o Zelote e Judas Iscariotes.

Durante a Ceia, Jesus instituiu a Eucaristia, um sacramento central para muitas denominações cristãs, ondeo pão e o vinho simbolizam o corpo e o sangue de Cristo. No entanto, é importante observar que a identidade do traidor, Judas Iscariotes, também estava pr esente à mesa. Ele posteriormente traiu Jesus, levando à Suaprisão esubsequente crucificação.

A última Ceia é frequentemente retratada em obras de arte e tem um papel central na liturgia cristã, sendo lembrada como um mo mento crucial que antecedeu os eventos dramáticos da Paixão de Cristo.

QUEM NÃO PODE TOMAR A SANTA CEIA

A Santa Ceia, também conhecida como a Ceia do Senhor, é um sacramento cristão que tem significados diversos em diferentes tradições religiosas. Geralmente, a participação na Santa Ceia é aberta a todos os membros de uma comunidade cristã. No entanto, existem algumas considerações e restrições que podem variar entre diferentes denominações e igrejas.

Não Professar a Fé Cristã: Em muitas tradições cristãs, a participação na Santa Ceia é reservada paraaqueles que professam a fé cristã. Isso significa que aqueles que não aceitaram Jesus Cristo como seu Senhor e Salvador podem ser desencorajados ou impedidos de participar.

Não Estar em Comunhão Plena com a Igreja: Algumas igrejas restringem a participação na Santa Ceia àqueles que estão em comunhão plena com a comunidade local. Isso pode envolver questões dedisciplina eclesiástica ou situações em que um membro está em desacordo com os ensinamentos ou práticas da igreja.

Estado de Pecado Não Arrependido: Algumas tradições cristãs enfatizam a importância do arrependimento antes de participar da Santa Ceia. Indivíduos que estão em um estado de pecado nãoarrependido podem ser aconselhados a se reconciliar com Deus antes de participar do sacramento.

Crianças Não Batizadas ou Não Instruídas: Em algumas denominações, a participação na Santa Ceia pode ser restrita a indivíduos que tenham sido batizados ou que tenham recebido instrução prévia sobre o significado e a importância desse sacramento.

Questões de Saúde ou Incapacidade: Em certas situações, pessoas que não podem fisicamente participar da celebração da Santa Ceia, devido a questões de saúde ou incapacidade, podem ser aconselhadas a seabster.

É fundamental observar que as práticas em torno da Santa Ceia podem variar significativamente entre as diferentes denominações cristãs, e as razões para restringir a participação podem ser baseadas em interpretações teológicas específicas ou tradições litúrgicas particulares. Cada igreja ou comunidade cristã pode ter suas próprias diretrizes e entendimentos em relação a quem pode ou não participar desse sacramento sagrado.

QUE PECADOS IMPEDEM DE TOMAR A SANTA CEIA?

A participação na Santa Ceia, também conhecida como Ceia do Senhor ou Eucaristia, é um momento sagrado e significativo paraos cristãos. A compreensão dos pecados que podem impedir alguém de participar pode variar entre diferentes tradições e denominações cristãs. Abaixo estão algumas considerações gerais que podem ser aplicáveis em muitas igrejas, mas é importante ressaltar que as práticas podem variar:

Desconhecimento ou rejeição da fé cristã: Algumas igrejas podem exigir que os participantes daSanta Ceia professam a fé crist ã e tenham aceitado Jesus Cristo como seu Senhor e Salvador. O desconhecimento ou a rejeição da fé podem ser vistos como obstáculos para a participação.

Viver em pecado não confessado: Em muitas tradições, a prática é que os participantes estejam em comunhão com Deus e uns com os outros. Pecados não confessados podem ser um impedimento, e alguns podem ver a necessidade de arrependimento e confissão antes de participar da Ceia do Senhor.

Discordância doutrinária: Algumas igrejas podem exigir que os participantes estejam alinhados com as doutrinas específicas da comunidade.A discordância doutrinária significativa pode servista como um impedimento para a participação na Santa Ceia.

Exclusão disciplinar: Em casos mais graves, igrejas podem impor a disciplina eclesiástica, excluindomembros que estejam vivendo em desacordo com os padrões éticos ou morais estabelecidos pela comunidade. Essa exclusão pode temporariamente impedir a participação na Ceia do Senhor.

Falta de batismo: Algumas igrejas requerem que os participantes tenham sido batizados antes de participar da Santa Ceia. O batismo é visto como um rito de passagem importante para a entrada nacomunidade cristã.

É fundamental observar que essas práticas podem variar amplamente entre diferentes tradições e denominações cristãs. Além disso, muitas igrejas enfatizam o amor, a graça e a misericórdia de Deus, encorajando os fiéis a se aproximarem da Santa Ceia com humildade, reconhecendo sua dependência da graça divina. Portanto, a orientação específica sobre quem pode ou não participar da Santa Ceia deve ser buscada junto às lideranças e práticas específicas de cada comunidade religiosa.

Cada pessoa deve examinar a sua própria situação perante Deus

Refletir sobre a própria situação perante Deus é um exercício fundamental, pois envolve uma profunda introspecção espiritual e moral. Cada pessoa, ao embarcar nessa jornada de autoexame, se confronta com suas crenças, valores e ações, buscando compreender como sua vida está alinhada com seus princípios mais profundos.

No cerne desse processo está a ideia de responsabilidade pessoal diante de uma instância divina. Muitastradições religiosas e filosofias de vida enfatizam a importância de prestar contas de nossas escolhas e comportamentos. Ao examinar a própria situação perante Deus, a pessoa avalia não apenas suas ações visíveis, mas também as intenções do coração, reconhecendo que a moralidade vai além do que é meramente observado pelosoutros.

Esse exame pessoal pode levar a uma jornada espiritual mais profunda, instigando a pessoa a buscar aprimoramento contínuo. À medida que se confronta com suas fraquezas e imperfeições, pode surgir umimpulso para o arrependimento e o perdão, não apenas dos outros, mas também de si mesma.

Além disso, o processo de examinar a própria situação perante Deus pode gerar um senso renovado depropósito e significado na vida. Ao alinhar-se com princípios espirituais mais elevados, a pessoa podeencontrar orientação para enfrentar desafios e tomar decisões éticas.

No entanto, é importante destacar que essa reflexão não deve ser carregada apenas de sentimentos de culpa ou medo. Deve ser um convite à autenticidade e à aceitação, encorajando o crescimento pessoal e espiritual. Em última análise, cada pessoa molda sua relação com o divino de maneira única, e o exame de consciência perante Deus é um passo significativo nesse caminho de autodescoberta e autoaperfeiçoamento.

O QUE SIGNIFICA "SE EXAMINAR" ANTES DE TOMAR A SANTA CEIA?

"Examinar-se" antes de tomar a Santa Ceia é um conceito que se baseia em uma prática cristã que incentiva os fiéis a refletirem sobre sua fé, relacionamento com Deus e conduta moral antes de participarem da comunhão. A Santa Ceia, ta mbémconhecida como a Eucaristia em algumas tradições cristãs, é um sacramento significativo que simboliza a participação nos ensinamentos e sacrifício de JesusCristo.

O ato de "examinar-se" antes da Santa Ceia tem raízes na Bíblia, mais especificamente em 1 Coríntios 11:28, onde o apóstolo Paulo escreve: "Examine-se, pois, o homem a si mesmo, e assim coma deste pão ebeba deste cálice." Esse versículo destaca a importância da autoavaliação antes de participar da comunhão, sugerindo que os fiéis devem avaliar sua relação com Deus, arrepender-se de pecados conhecidos e buscar a reconciliação com outros, se necessário.

Ao se examinar antes da Santa Ceia, os cristãos são incentivados a buscar um estado de coração puro e uma consciência limpa. Isso envolve a reflexão sobre a própria vida espiritual, a confissão de pecados e o arrependimento. A ideia é que a participação na Eucaristia seja um ato significativo e reverente, fortalecendo a conexão espiritual do indivíduo com Deus e promovendo a unidade dentro da comunidadede fé.

Essa prática também destaca a seriedade e a reverência associadas à Santa Ceia, reforçando a compreensão de que a comunhão não é apenas um ritual simbólico, mas uma participação ativa e pessoalna obra redentora de Cristo. Assim, o ato de se examinar antes da Santa Ceia é uma expressão de humildade, responsabilidade espiritual e comprometimento com uma vida de fé.

QUEM NÃO É BATIZADO PODE TOMAR A SANTA CEIA?

A questão de quem pode tomar a Santa Ceia sem ter sido batizado é um tema quevaria entre as diferentes tradições cristãs e suas interpretações das Escrituras. A prática e as crenças associadas a essa questão podem variar significativamente entre as denominações cristãs. Vou abordar algumas perspectivas comuns.

Tradições que requerem o batismo: Muitas tradições cristãs acreditam que o batismo é um pré-requisito para participar da Santa Ceia. O batismo é visto como um ato de obediência e identificação com Cristo, e alguns argumentam que a participação na Santa Cei a pressupõe uma aliança prévia comDeus, simbolizada pelo batismo.

Tradições que permitem a participação sem batismo: Algumas igrejas são mais inclusivas em relação à Santa Ceia e permitem que pessoas não batizadas participem. Elas podem basear essa prática em interpretações específicas das Escrituras, enfatizando a graça de Deus sobre a exigência derituais específicos.

Perspectivas teológicas diversas: A visão sobre quem pode participar da Santa Ceia muitas vezes está ligada a diferenças teológicas mais amplas, como as crenças sobre a salvação, a graça e a natureza sacramental. Algumas tradições veem a Santa Ceia como um sacramento que confere graçade maneira especial, enquanto outras a consideram principalmente como um símbolo memorial.

Práticas locais e variações denominacionais: Mesmo dentro de uma mesma tradição cristã, as práticas em relação à Santa Ceia podem variar. Alguns líderes e comunidades podem adotar posições mais rigorosas ou mais flexíveis com relação à participação na comunhão.

Diálogo interdenominacional: Em muitos casos, as igrejas estão dispostas a dialogar sobre essas questões e buscar entendiment o mútuo. Em situações em que há divergências, o diálogo interdenominacional pode levar a acordos ou concessões que permitam uma maior cooperação entrediferentes grupos cristãos.

Em resumo, a resposta para a pergunta sobre se uma pessoa não batizada pode tomar a Santa Ceiadepende fortemente da tradição cristã específica em questão.

Recomenda-se que os indivíduos interessados em participar da Santa Ceia em uma determinada comunidade consultem seus líderes religiosos para obter orientação específica com base nas crenças e práticas locais.

Então por que algumas igrejas só dão a Ceia para quem é batizado?

A prática de oferecer a Ceia apenas para aqueles que foram batizados é uma tradição em algumas igrejas e está relacionada às crenças e interpretações teológicas específicas de cada denominação. Aqui estão algumas razões comuns que são citadas para justificar essa prática:

Simbolismo Teológico: Muitas igrejas veem o batismo como um ato de identificação com a fé cristã e a morte e ressurreição de Jesus Cristo. Ao participar do batismo, a pessoa expressa publicamente sua fé e comprometimento com a comunidade cristã. A Ceia, por sua vez, é vista como um ato de comunhão entre aqueles que compartilham dessa mesma fé e comprometimento.

Preparação Espiritual: Algumas igrejas acreditam que o batismo é um passo necessário na jornadaespiritual de um indivíduo antes de participar da Ceia. O batismo é visto como uma forma de preparação espiritual que marca a aceitação da pessoa na comunidade cristã.

Ordenação Bíblica: Algumas denominações interpretam passagens bíblicas, como 1 Coríntios 11:27-29, como indicativas de que a Ceia deve ser compartilhada apenas por aqueles que estão em comunhão plena com a igreja, e o batismo é considerado um requisito para essa plenitude.

Proteção da Santidade da Ceia: Algumas igrejas acreditam que restringir a participação na Ceia aos batizados ajuda a proteger a santidade do sacramento, garantindo que apenas aqueles que professam fé cristã e estão comprometidos com os ensinamentos da igreja participem desse ritual.

Tradição Denominacional: Em muitos casos, a prática de oferecer a Ceia apenas para os batizados é uma tradição específica de uma denominação ou grupo religioso, e é seguida como parte da identidade denominacional.

É importante destacar que as práticas em torno da Ceia do Senhor podem variar amplamente entre as diferentes denominações cristãs. Algumas igrejas adotam uma abordagem mais inclusiva, permitindo que qualquer pessoa que professe a fé cristã participe da

Ceia, independentemente do batismo. A compreensão dessas práticas geralmente está enraizada nas interpretações teológicas e nas tradições específicas de cada comunidade religiosa.

Para evitar que a Ceia seja tomada sem o devido respeito ou se torne apenas um ritual cultural, certos cuidados e reflexões podem ser incorporados à celebração da Ceia, garantindo que ela mantenha sua importância e significado. Em primeiro lugar, é crucial cultivar uma atmosfera de respeito e reverência durante o evento. Isso pode ser alcançado através da promoção de momentos de silêncio para reflexão,expressão de gratidão e conexão emocional entre os participantes.

Além disso, é interessante promover a consciência sobre o simbolismo por trás da Ceia. Explorar a históriae os significados dos elementos presentes na mesa, como o pão e o vinho, pode enriquecer a compreensão coletiva e proporcionar uma experiência mais significativa. Incentivar a partilha de histórias pessoais sobre gratidão, superação e solidariedade também pode fortalecer o sentido comunitário da celebração.

Evitar a superficialidade é fundamental. Em vez de focar apenas na comida e nas tradições superficiais,encoraje a reflexão sobre o ano que passou, os desafios enfrentados e as conquistas alcançadas. Isso pode contribuir para que a Ceia se transforme em um momento de celebração autêntica, onde os participantes se sintam conectados em um nível mais profundo.

Outro aspecto importante é a inclusão de práticas de responsabilidade social. Em vez de concentrar-seapenas no consumo, considere a possibilidade de incorporar ações solidárias, como doações para instituições de caridade, contribuindo para um propósito ma ior durante a celebração. Isso não apenas traz um impacto positivo para a comunidade, mas também enfatiza os valores de compaixão e solidariedade.

Lembre-se de que a qualidade das interações durante a Ceia é tão significativa quanto a comida que estásendo compartilhada. Estimule conversas significativas, ouça atentamente as experiências dos outros e promova um ambiente de compreensão e aceitação. Dessa forma, a Ceia pode transcender o aspecto cultural e se tornar uma experiência enriquecedora, marcada por r espeito mútuo, conexão e gratidão genuína.

TODO QUE AMA JESUS DEVE QUERER SE BATIZAR EPARTICIPAR DA CEIA.

A prática do batismo e da participação na Ceia do Senhor são aspectos centrais na vida de muitos cristãos, sendo considerados sacramentos que simbolizam a fé e o compromisso com Jesus Cristo. Aqueles que amam Jesus frequentemente buscam expressar essa devoção por meio desses rituais sagrados.

O batismo, em muitas tradições cristãs, é visto como um ato de obediência às instruções de Jesus, que foi batizado por João Batista no rio Jordão. É considerado um mergulho simbólico na morte e ressurreição de Cristo, representando a purificação dos pecados e o renascimento espiritual. Ao ser batizado, o indivíduo manifesta publicamente sua identificação com a fé cristã e seu compromisso com seguir os ensinamentos de Jesus.

A Ceia do Senhor, também conhecida como Santa Ceia ou Eucaristia, é uma prática que remonta à última ceia de Jesus com seus discípulos. Ao participar desse ritual, os cristãos lembram a morte sacrificial de Jesus na cruz, a oferta de sua vida pelos pecados da humanidade, e celebram a comunhão espiritual com Cristo. É um momento de reflexão, gratidão e renovação da aliança com Deus.

Portanto, para aqueles que amam Jesus, o batismo e a participação na Ceia do Senhor são considerados passos naturais em sua jornada espiritual. Essas práticas proporcionam oportunidades para expressar publicamente a fé, renovar o compromisso com Cristo e fortalecer a comunhão com a comunidade de crentes. Elas também são vistas como meios de experimentar a graça divina e buscar uma vida cristã mais profunda e significativa.

É PECADO NÃO TOMAR A SANTA CEIA?

A questão de considerar ou não pecado não tomar a Santa Ceia é muitas vezes abordada de maneiras diversas, dependendo das tradições e interpretações teológicas dentro do Cristianismo. A Santa Ceia, também conhecida como a Ceia do Senhor, é uma prática sacramental em muitas denominações cristãs, e suas interpretações variam.

Visões Teológicas Divergentes:

Transubstanciação: Em algumas tradições católicas, acredita-se que os elementos da Ceia (pão e vinho) se transformam literalmente no corpo e sangue de Cristo. Nesse contexto, não participar pode ser considerado um afastamento da presença real de Cristo.

Consubstanciação: Em algumas tradições luteranas, acredita-se que o corpo e sangue de Cristo coexistem com o pão e o vinho. A ausência pode ser vista como uma falta de participação na graçaoferecida por Cristo.

Memorialismo:

Algumas denominações, como muitas igrejas protestantes, veem a Ceia do Senhor como um memorial simbólico do sacrifício de Cristo. Para essas igrejas, não participar não é necessariamente considerado um pecado, mas pode ser visto como uma oportunidade perdida para lembrar e celebrar aredenção.

Disciplina Eclesiástica:

Em algumas igrejas, a participação regular na Ceia do Senhor pode ser vista como uma parte essencial da disciplina espiritual. A ausência contínua pode levar a questões pastorais e aconselhamento para entender os motivos por trás disso.

Considerações Individuais:

Muitos cristãos enfatizam a importância do coração e da atitude interior durante a Ceia do Senhor. Tomar parte com um coração arrependido e em comunhão com Deus é frequentemente considerado mais significativo do que a frequência em si.

Em resumo, a resposta para se é pecado ou não tomar a Santa Ceia pode variar significativamente entre as diferentes tradições cristãs. Além disso, muitas igrejas enfatizam a importância da liberdade individual na-consciência do crente. Recomenda -se que os cristãos busquem orientação pastoral e se envolvam em diálogo dentro de suas comunidades de fé para entender melhor as perspectivas específicas de sua tradição.

PORQUE É IMPORTANTE TOMAR A SANTA CEIA?

A importância de tomar a Santa Ceia pode variar de acordo com as crenças epráticas religiosas. Geralmente, a Santa Ceia é considerada um sacramentosignificativo em várias tradições cristãs, e sua prática é fundamentada em eventos e ensinamentos bíblicos.

Lembrança do sacrifício de Jesus: A Santa Ceia é muitas vezes vista como um momento de lembrança e celebração do sacrifício de Jesus na cruz. Durante a ceia, os participantes recordam o gesto de Jesus ao partilhar o pão e o vinho com seus discípulos na Última Ceia, simbolizando seu corpo e sangue oferecidos pelos pecados da humanidade.

Comunhão espiritual: A prática da Santa Ceia é considerada um meio de comunhão espiritual entre os crentes e Deus. Ao participar da ceia, os fiéis expressam sua comunhão com Cristo e com a comunidade de crentes. É um momento de reflexão, arrependimento e renovação espiritual.

Expressão de fé: Tomar a Santa Ceia é muitas vezes vista como uma expressão pública de fé e compromisso com os princípios cristãos. Os participantes reafirmam sua crença na morte e ressurreiçãode Jesus Cristo e seu papelredentor.

Unidade da comunidade: A celebração da Santa Ceia também pode simbolizar a unidade da comunidade cristã. Ao compartilhar este ritual, os crentes demonstram sua ligação uns com os outros como membros do corpo de Cristo. A ceia é frequentemente considerada como um momento de reconciliação e perdão, promovendo a unidade dentro da igreja.

Antecipação da volta de Cristo: Em algumas tradições cristãs, a Santa Ceia é vista como uma antecipação da promessa bíblica da volta de Cristo. A ceia é celebrada com a expectativa da consumação do reino de Deus, quando os crentes estarão plenamente reunidos com Cristo.

É importante observar que a compreensão e a prática da Santa Ceia podem variar entre diferentes denominações e tradições cristãs, sendo interpretada de maneiras distintas. Em última análise, a importância atribuída a esse sacramento reflete a ênfase teológica e espiritual de cada comunidade de fé.

NÃO TOMEI A SANTA CEIA. E AGORA, O QUE FAÇO?

Não tomar a Santa Ceia pode gerar diferentes sentimentos e interpretações, dependendo do contexto edas crenças religiosas envolvidas. A Santa Ceia, também conhecida como Eucaristia ou Comunhão, é umsacramento importante em várias tradições cristãs, simbolizando a participação na morte e ressurreição deJesus Cristo.

Se você não tomou a Santa Ceia e está se questionando sobre o que fazer a seguir, aqui estão algumas considerações:

Reflexão pessoal: Primeiramente, reserve um tempo para refletir sobre os motivos pelos quais optoupor não participar da Santa Ceia. Pode ser por razões pessoais, dúvidas espirituais ou qualquer outro motivo. Entender suas próprias motivações pode ajudar a orientar suas próximas ações.

Converse com líderes religiosos: Se você pertence a uma comunidade religiosa específica, considere conversar com líderes religiosos, como pastores, padres ou ministros. Eles podem fornecer orientações,esclarecimentos e apoio espiritual, ajudando a entender as implicações teológicas e práticas.

Participe de orientações religiosas: Algumas tradições religiosas oferecem orientações ou aconselhamento espiritual para aqueles que têm dúvidas ou preocupações em relação aos sacramentos. Participar dessas orientações pode ser útil para esclarecer suas perguntas e encontrar umcaminho adequado.

Examine suas crenças: Avalie suas próprias crenças e fé. Se você está em um período de questionamento espiritual, pode ser útil explorar suas convicções, ler textos sagrados, e buscarconhecimento para fortalecer sua compreensão e fé.

Participe de eventos religiosos: Considere participar regularmente de serviços religiosos e eventoscomunitários em sua igreja, sinagoga, mesquita ou outro local de culto. Isso pode proporcionar uma oportunidade para fortalecer sua conexão espiritual e se envolver na vida da comunidade.

Lembre-se de que as atitudes em relação à Santa Ceia podem variar entre as diferentes denominações e tradições religiosas. Se você estiver incerto sobre como proceder, buscar orientação espiritual e discutir suas preocupações com líderes religiosos pode ser uma abordagem construtiva. O diálogo aberto e a busca por compreensão podem ajudar a encontrar um caminho espiritual que ressoe com suas convicçõese valores.

O QUE JESUS DISSE NA ÚLTIMA CEIA?

Não tomar a Santa Ceia pode gerar diferentes sentimentos e interpretações, dependendo do contexto e das crenças religiosas envolvidas. A Santa Ceia, também conhecida como Eucaristia ou Comunhão, é um sacramento importante em várias tradições cristãs, simbolizando a participação na morte e ressurreição de Jesus Cristo.

Se você não tomou a Santa Ceia e está se questionando sobre o que fazer a seguir, aqui estão algumas considerações:

Reflexão pessoal: Primeiramente, reserve um tempo para refletir sobre os motivos pelos quais optou por não participar da Santa Ceia. Pode ser por razões pessoais, dúvidas espirituais ou qualquer outro motivo. Entender suas próprias motivações pode ajudar a orientar suas próximas ações.

Converse com líderes religiosos: Se você pertence a

uma comunidade religiosa específica, considere conversar com líderes religiosos, como pastores, padres ou ministros. Eles podem fornecer orientações,esclarecimentos e apoio espiritual, ajudando a entender as implicações teológicas e práticas.

Participe de orientações religiosas: Algumas tradições religiosas oferecem orientações ou aconselhamento espiritual para aqueles que têm dúvidas ou preocupações em relação aos sacramentos. Participar dessas orientações pode ser útil para esclarecer suas perguntas e encontrar umcaminho adequado.

Examine suas crenças: Avalie suas próprias crenças e fé. Se você está em um período de questionamento espiritual, pode ser útil explorar suas convicções, ler textos sagrados, e buscarconhecimento para fortalecer sua compreensão e fé.

Participe de eventos religiosos: Considere participar regularmente de serviços religiosos e eventoscomunitários em sua igreja, sinagoga, mesquita ou outro local de culto. Isso pode proporcionar uma oportunidade para fortalecer sua conexão espiritual e se envolver na vida da comunidade.

Lembre-se de que as atitudes em relação à Santa Ceia podem variar entre as diferentes denominações e tradições religiosas. Se você estiver incerto sobre como proceder, buscar orientação espiritual e discutir suas preocupações com líderes religiosos pode ser uma abordagem construtiva. O diálogo aberto e a busca por compreensão podem ajudar a encontrar um caminho espiritual que ressoe com suas convicçõese valores.

JESUS FALOU SOBRE A ÚLTIMA PÁSCOA

Infelizmente, as informações específicas sobre as palavras exatas de Jesus referentes à última Páscoa não estão detalhadas de maneira direta nos relatos históricos. No entanto, podemos extrair informações sobre a última ceia, que é frequentemente associada à Páscoa, a partir dos Evangelhos do Novo Testamentoda Bíblia.

Os relatos da última ceia são encontrados nos Evangelhos de Mateus (26:17-30), Marcos (14:12-26), Lucas (22:7-38) e João (13:1-17:26). Durante essa refeição, Jesus compartilhou pão e vinho com seus discípulos, instituindo assim a Santa Ceia ou a Eucaristia, um ritual significativo para os cristãos. Ele tomou pão, abençoou-o, partiu-o e deu aos discípulos, representando seu corpo que seria entregue. Da mesmaforma, tomou o cálice, deu graças, passou-o aos discípulos, representando o seu sangue derramado.

Em algumas dessas passagens, Jesus faz referências à sua morte iminente e ao novo pacto que seriaestabelecido através do seu sacrifício. Ele também expressa tristeza por aquele que o trairia, que éidentificado como Judas Iscariotes.

Embora a palavra "Páscoa" não seja explicitamente mencionada nos relatos da última ceia, muitos estudiosos concordam que essa refeição ocorreu durante a celebração da Páscoa judaica. Durante a Páscoa, os judeus comemoravam a libertação do povo de Israel do Egito, e Jesus associou simbolicamente sua morte ao sacrifício do cordeiro pascal, que era uma parte crucial das celebrações pascais judaicas.

Assim, ao falar sobre a última ceia, podemos entender que Jesus estava preparando seus discípulos para os eventos cruciais que estavam prestes a acontecer, incluindo sua crucificação e ressurreição, e estabelecendo uma conexão simbólica entre sua morte e a tradição da Páscoa judaica. Esses momentossão fundamentais na compreensão da teologia cristã e na prática de muitas igrejas ao redor do mundo

JESUS EXPLICOU O SIGNIFICADO DO PÃO E DO VINHO

Certamente, vou expandir o texto para fornecer mais informações sobre o significado do pão e do vinho de acordo com a tradição cristã.

Quando Jesus explicou o significado do pão e do vinho durante a Última Ceia, ele estava instituindo o que viria a ser conhecido como a Santa Ceia ou a Eucaristia. O pão e o vinho simbolizam o corpo e o sangue de Jesus Cristo, respectivamente. Essa cerimônia é vista como um dos sacramentos mais significativos dentro do Cristianismo, sendo praticada de maneiras diferentes por várias denominações cristãs.

O pão representa o corpo de Cristo que foi dado por amor e sacrifício. Ao compartilhar o pão, os fiéis são lembrados da unidade com Cristo e com outros membros da comunidade de fé. A ideia por trás do pão é que, assim como o alimento nutre o corpo físico, a comunhão com Cristo nutre a alma espiritual.

O vinho, por sua vez, simboliza o sangue de Cristo derramado para a remissão dos pecados. Ao beber o vinho durante a Eucaristia, os crentes recordam o sacrifício de Jesus na cruz e renovam a sua fé na redenção proporcionada por Ele. O ato de beber do cálice é considerado um gesto de participação na Nova Aliança estabelecida por Jesus.

A Eucaristia é uma prática que une os cristãos em uma comunhão espiritual, lembrando-os do sacrifício de Cristo, da esperança da ressurreição e do vínculo entre os membros da comunidade de fé. Essa cerimônia tem variações significativas entre as diversas tradições cristãs, mas em todas elas, a ênfase está na importância simbólica do pão e do vinho como meios de comunhão espiritual e recordação do sacrifícioredentor de Jesus.

JESUS PREVIU A TRAIÇÃO DE JUDAS

No contexto bíblico, a previsão da traição de Judas por Jesus é um episódio significativo que ocorre durante a Última Ceia, um momento crucial na narrativa cristã. De acordo com os Evangelhos, Jesus reúne seus discípulos para celebrar a Páscoa, e durante essa refeição simbólica, Ele menciona que um dos presentes o trairá.

Essa profecia destaca a complexidade da história, pois Jesus, mesmo ciente da traição iminente, continua a partilhar esse momento sagrado com Judas. A traição de Judas é um elemento central na narrativa da Paixão de Cristo, pois leva à prisão, jul gamento e crucificação de Jesus, eventos que desempenhamum papel crucial na teologia cristã e na redenção da humanidade.

A previsão da traição de Judas também levanta questões profundas sobre o livre arbítrio e o plano divino.A interpretação teológica desse episódio varia entre as diferentes tradições cristãs, mas em geral, destaca-se como um momento de grande significado simbólico e espiritual na vida de Jesus e na história do Cristianismo.

Além disso, a traição de Judas é muitas vezes analisada à luz dos motivos por trás de sua ação, destacando temas como ganância, arrependimento e o papel desse personagem na realização do propósito divino. A complexidade emocional e moral envolvida na traição de Judas adiciona camadas de significado à narrativa bíblica, convidando os leitores a refletirem sobre temas como perdão, redenção e omisterioso desígnio divino.

JESUS FALOU SOBRE QUEM ERA O MAIOR

Jesus abordou o tema da grandeza e liderança de uma maneira única, desafiando as normas culturais e sociais de sua época. Em várias passagens nos Evangelhos, Ele discute o conceito de grandeza no Reino de Deus. Um exemplo notável é encontrado nos evangelhos de Mateus, Marcos e Lucas.

Em Mateus 20:25-28 (NVI), Jesus diz: "Vocês sabem que os governantes das nações as dominam, e as pessoas importantes exercem poder sobre elas. Não será assim entre vocês. Pelo contrário, quem quiser tornar-se importante entre vocês deverá ser servo, e quem quiser ser o primeiro deverá ser escravo; comoo Filho do homem, que não veio para ser servido, mas para servir e dar a sua vida em resgate por muitos".

Aqui, Jesus inverte a ideia convencional de liderança e grandeza. Ele destaca que, no Reino de Deus, a verdadeira grandeza não está em exercer domínio sobre os outros, mas em servir aos outros de maneiraaltruísta. Ele próprio exemplifica esse princípio ao viver uma vida de serviço e, finalmente, ao sacrificar-se nacruz.

Outra ocasião notável ocorreu quando os discípulos discutiram entre si sobre quem era o maior no Reino dos Céus. Em Mateus 18:1-4 (NVI), Jesus chamou uma criança para perto dele e disse: "Em verdade vos digo que, se não vos converterdes e não vos tornardes como crianças, de modo algum entrareis no reinodos céus. Portanto, aquele que se tornar humilde como esta criança, esse é o maior no reino dos céus."

Essa passagem destaca a importância da humildade e da simplicidade. Jesus ensina que para ser verdadeiramente grande no Reino de Deus, é necessário adotar uma postura humilde, semelhante à deuma criança.

Portanto, as palavras de Jesus sobre quem é o maior enfatizam a importância do serviço, da humildade eda renúncia ao ego para seguir os princípios do Reino de Deus. Ele desafia as noções convencionais deliderança, convidando seus seguidores a adotar u m modelo de liderança baseado no serviço desinteressado enahumildade.

JESUS PREVIU A NEGAÇÃO DE PEDRO

Nos Evangelhos, especialmente durante a Última Ceia, onde Jesus antecipa atraiçãodePedro.

No Evangelho de Mateus (26:31-35), Jesus fala aos discípulos sobre a iminência de sua prisão e morte, eprediz que todos eles o abandonarão naquela hora. Pedro, sempre expressando sua lealdade inabalável aJesus, responde enfaticamente que, mesmo que todos os outros o abandonem, ele nunca o fará.

No entanto, Jesus, conhecendo a natureza humana e a fraqueza dos discípulos diante das circunstâncias adversas, responde a Pedro prevendo que, antes do galo cantar, Pedro o negará três vezes. Pedro, confiante em sua própria força espiritual, insist e que mesmo que seja necessário morrer com Jesus, ele nãoo negará.

A narrativa continua no Jardim do Getsêmani, onde Jesus é preso, e os discípulos fogem com medo. Mais tarde, enquanto Jesus é interrogado, Pedro é confrontado por três pessoas que o acusam de ser seguidor de Jesus. Apesar de suas declarações anteriore s, Pedro nega conhecer Jesus em cada uma dessas ocasiões.

O som do galo cantando após a terceira negação de Pedro é um momento comovente e simbólico, pois lembra a previsão precisa de Jesus e a quebra da confiança autoproclamada de Pedro. Este evento destaca a fragilidade humana, mesmo entre aqueles que são mais próximos de Jesus. No entanto, a história não termina aí. Após a ressurreição, Jesus restaura Pedro, enfatizando a importância do perdão e da redenção, demonstrando o amor incondicional que transcende as falhas humanas. Essa narrativa é rica em lições espirituais e morais, destacando a complexidade da fé, a vulnerabilidade humana e a abundânciada graça divina.

JESUS FALOU SOBRE SER GLORIFICADO

Quando Jesus falou sobre ser glorificado, ele estava referindo-se a eventos cruciais em sua missão terrena, conforme registrado na Bíblia, especialmente nos Evangelhos. Um dos momentos-chave em que Jesus aborda sua própria glorificação é durante a Última Ceia e nas conversas subsequentes com seus discípulos.

No Evangelho de João, por exemplo, Jesus fala sobre sua glorificação como algo que estava prestes aacontecer. Ele menciona sua morte iminente, seguida pela ressurreição e ascensão. Ao falar sobre ser glorificado, Jesus estava antecipando o cumprime nto de sua missão redentora, que envolvia sacrifício e areconciliação dahumanidadecomDeus.

Ao longo de seus ensinamentos, Jesus destacou que sua morte não era um evento isolado, mas parte deum plano divino maior para a salvação da humanidade. Sua glorificação não era apenas um ato de exaltação pessoal, mas um meio pelo qual a justiça divina, o amor e a misericórdia seriam plenamente manifestados.

Além disso, Jesus frequentemente instruía seus seguidores sobre a importância de viverem de maneira queglorificasse a Deus. Ele enfatizava a necessidade de amar uns aos outros, perdoar, servir e praticar a justiçacomo expressões tangíveis da presença do Reino de Deus na terra.

Portanto, quando Jesus falou sobre ser glorificado, ele estava apontando para eventos cruciais que culminariam em sua ressurreição e ascensão, trazendo redenção e reconciliação. Além disso, ele exortou seus discípulos a viverem de maneira que glorificasse a Deus, refletindo assim os valores do Reino que eleveio proclamar.

JESUS DEU UM NOVO MANDAMENTO

Jesus deu um novo mandamento que transcendeu as antigas leis e tradições, marcando um ponto crucial em seu ensinamento revolucionário. Este novo mandamento, proclamado por Cristo durante a Última Ceia, destaca-se por sua simplicidade e profundidade: 'Amai-vos uns aos outros, assim como eu vos amei'(João13:34).

Nesse mandamento, Jesus não apenas reiterou o antigo princípio de amar o próximo, mas foi além, introduzindo uma nova medida de amor baseada em seu próprio exemplo. Ao afirmar 'como eu vos amei', ele convidou seus seguidores a amarem de maneira desinteressada, compassiva e sacrificial, espelhando oamor que ele demonstrou ao longo de seu ministério terreno.

Este novo mandamento representa uma transformação profunda no entendimento humano sobre o amor ea compaixão. Ele exige que deixemos de lado egoísmo e julgamento, incentivando a empatia, a generosidade e a aceitação. Ao seguir este mandamento, os discípulos de Jesus são desafiados a amar não apenas aqueles que são fáceis de amar, mas também aqueles que podem ser considerados difíceis, diferentes ou atémesmo adversários.

A mensagem de Jesus transcende barreiras culturais e temporais, inspirando gerações a viverem de acordo com esse princípio fundamental. Ao internalizar o novo mandamento, os seguidores de Cristo buscam criar uma comunidade de amor, paz e compreensã o mútua, refletindo a presença do divino no mundo.

Assim, o novo mandamento de Jesus não é apenas uma instrução, mas um convite para uma transformação profunda nos corações e nas relações humanas, estabelecendo um padrão elevado para overdadeiro significado doamorcristão."

Quando devemos celebrar a Ceia?

A celebração da Ceia, também conhecida como Santa Ceia ou Ceia do Senhor, é um evento significativo nas tradições cristãs, e as práticas em relação a quando deve ser celebrada podem variar entre as denominações. Vou fornecer uma visãogeral das práticas comuns, mas é importante notar que pode haver diferenças específicas em diferentes tradições e igrejas.

Semana Santa: Em algumas tradições cristãs, a Celebração da Ceia é frequentemente associada à Semana Santa, que culmina no domingo de Páscoa. A Páscoa é um momento crucial no calendário litúrgico cristão, celebrando a ressurreição de Jesus Cristo. Muitas igrejas realizam a Ceia do Senhordurante a Semana Santa, lembrando a Última Ceia de Jesus com seus discípulos.

Mensal ou Periódica: Em outras igrejas, a Ceia pode ser celebrada regularmente, muitas vezes mensalmente. Algumas denominações optam por uma frequência mais regular para enfatizar a importância contínua da comunhão e da lembrança do sacrifício de Jesus.As datas específicas podemvariar, mas é comum ver a Ceia sendo realizada no primeiro domingo de cada mês.

Domingo ouOutros Dias: Para muitas igrejas, o domingo é o dia tradicional para a celebração da Ceia,pois é o dia da semana em que os cristãos se reúnem para culto regular. No entanto, em algumas tradições, a Ceia pode ser celebrada em outros dias específicos, como na Quinta-feira Santa ou durante serviçosespeciais.

Eventos Especiais: Além das práticas regulares, algumas igrejas escolhem realizar a Ceia do Senhorem eventos especiais, como retiros espirituais, conferências ou ocasiões significativas dentro da comunidade.

Variações Denominacionais: Diferentes denominações cristãs podem ter abordagens distintas em relação à Ceia do Senhor. Algumas enfatizam a transubstanciação (crença de que o pão e o vinho se transformam literalmente no corpo e sangue de Cristo), enquanto outras veem a Ceia como um memorial simbólico. Essas diferenças teológicas podem influenciar a frequência e o significado atribuídoà celebração.

Em última análise, a escolha da data para a celebração da Ceia varia de acordo com a tradição e a interpretação teológica de cada igreja. Independentemente do momento escolhido, a Ceia do Senhor égeralmente vista como um momento de reflexão, comunhão e lembrança do sacrifício de Jesus Cristo.

QUANDO FOI A PRIMEIRA CEIA?

A expressão "a primeira Ceia" geralmente se refere à Última Ceia, um evento descrito no Novo Testamento da Bíblia, mais especificamente nos Evangelhossinóticos (Mateus 26:17–30, Marcos 14:12–26 e Lucas 22:7–39). A Última Ceia foiuma refeição que Jesus Cristo compartilhou com seus discípulos na noite antesdesua crucificação.

De acordo com os relatos bíblicos, a Ceia foi realizada durante a festa judaica da Páscoa. Jesus e seus discípulos estavam reunidos em Jerusalém, e durante a refeição, Jesus instituiu a prática da Comunhão, também conhecida como Santa Ceia, Eucaristia ou Ceia do Senhor, ondeo pão eo vinho representariamseu corpo esangue.

A data exata da Última Ceia não é claramente especificada na Bíblia em termos do calendário gregoriano que usamos hoje. A Páscoa judaica é baseada no calendário lunar, e as datas exatas variam. No entanto, atradição cristã comemora a Quinta-feira Santa como o dia em que a Última Ceia ocorreu.

A Última Ceia é um evento significativo no cristianismo, sendo lembrada e celebrada de várias maneiras pordiferentes denomina ções cristãs. A interpretação teológica e o significado da Ceia do Senhor também variam entre as tradições cristãs, mas a prática geralmente envolve a lembrança do sacrifício de Jesus Cristo nacruz paraaredenção dahumanidade.

QUANDO É MELHOR CELEBRAR A CEIA?

A escolha do momento ideal para celebrar a Ceia pode variar de acordo com tradições culturais, religiosas e familiares. Em muitas culturas, a Ceia é associadaa eventos religiosos, como a Ceia de Natal, celebrada na véspera do Natal em muitos países ocidentais, ou a Ceia de Páscoa, que ocorre durante a Semana Santa.

A Ceia pode também ser uma expressão de união familiar e amizade, independentemente de considerações religiosas. Algumas famílias escolhem realizar ceias em datas significativas, como aniversários, aniversários de casamento ou outras ocas iões especiais. Outros grupos podem optar porrealizar ceias regularmente, como parte de suas tradições familiares.

Além disso, algumas culturas têm práticas específicas em relação à hora do dia em que a Ceia é servida. Por exemplo, em algumas regiões, é comum realizar uma Ceia festiva à noite, enquanto em outras, podeser mais tradicional celebrar durante o dia.

É importante destacar que não há uma resposta única para a pergunta sobre quando é melhor celebrar a Ceia, pois isso dependerá das tradições e preferências individuais de cada comunidade ou família. O mais crucial é que a celebração seja significativa e esteja alinhada com os valores e crenças daqueles que participam dela.

INDEPENDENTEMENTE DE QUANDO É CELEBRADA, A CEIA É UM ATO MUITO IMPORTANTE QUE DEVE SER RESPEITADO

Independentemente de quando é celebrada, a ceia transcende o simples ato de compartilhar uma refeição; é um ritual significativo que une as pessoas, fortalecendo laços familiares e promovendo a comunhão. Seja durante as festividades tradicionais, como o Natal, a Páscoa ou outras celebrações culturais e religiosas, a ceia assume um papel central na expressão de valores e tradições.

Nesse momento, a mesa torna-se mais do que apenas um local para saciar a fome; é um espaço onde histórias são compartilhadas, risos são trocados e memórias são criadas. A variedade de pratos cuidadosamente preparados reflete não apenas a riqueza da culinária, mas também a diversidade de identidades e experiências presentes na reunião. Ing redientes familiares, muitas vezes transmitidos atravésde gerações, carregam consigo o peso de tradições que se perpetuam.

Além disso, a ceia pode ser um momento de reflexão e gratidão. Ao redor da mesa, as pessoas expressam apreço pela companhia uns dos outros, agradecem pelas conquistas do ano que passou e renovam esperanças para o futuro. Essa atmosfera de apreço e harmonia cria um ambiente propício para fortalecer vínculos afetivos e cultivar um senso de pertencimento.

Assim, a ceia transcende a sua natureza gastronômica e se transforma em um evento simbólico, marcado por valores como união, respeito e gratidão. Independentemente das diferenças individuais ou das circunstâncias, a celebração da ceia representa um momento de convergência, onde as pessoas podem encontrar significado e conexão em meio à agitação da vida cotidiana.

O QUE JESUS COMIA
(E O QUE NÃO COMIA)

O que Jesus comia e não comia é uma questão que suscita curiosidade, especialmente considerando o contexto histórico e cultural em que ele viveu. Embora os Evangelhos do Novo Testamento da Bíblia não forneçam detalhes específicos sobre os hábitos alimentares de Jesus, algumas informações podemser inferidas com base na época e na região em que ele viveu.

Jesus nasceu e cresceu na Palestina, uma região do Oriente Médio, durante o século I d.C. Sua dieta provavelmente refletia os costumes alimentares judaicos da época. A Lei Mosaica, registrada no Antigo Testamento, estabelecia certas restrições alimentares para os judeus, incluindo a proibição do consumo decarnedeporco efrutosdo marconsiderados impuros.

Assim, é razoável supor que Jesus seguia essas práticas alimentares judaicas, evitando alimentos como carne de porco e certos frutos do mar. No entanto, é importante notar que os Evangelhos também relatamocasiões em que Jesus participou de refeições festivas e banquetes, o que indica que ele não era excessivamente rigoroso em relação às regras alimentares.

O pão era um alimento básico na dieta da época, e Jesus é conhecido por ter realizado a Última Ceia compão e vinho, simbolizando seu corpo e sangue. Além disso, peixe era uma fonte comum de proteína na região, e há relatos nos Evangelhos de Jesus multiplicando pães e peixes para alimentar multidões.

A moderação e a simplicidade parecem ter sido princípios importantes na vida de Jesus. Ele ensinou sobrea importância de não se preocupar excessivamente com as necessidades materiais e enfatizou a espiritualidade sobreaspreocupaçõesterrenas.

Em resumo, enquanto as informações específicas sobre a dieta de Jesus são limitadas, é razoável inferirque sua alimentação era influenciada pelas práticas alimentares judaicas da época, destacando a moderação, a simplicidade e a partilha em suas interações e ensinamentos.

O QUE JESUS CERTAMENTE COMEU

O que Jesus certamente comeu durante sua vida é uma questão que tem sido objeto de especulação e interpretação ao longo dos séculos. Embora os Evangelhos do Novo Testamento da Bíblia forneçam algumas informações sobre aalimentação na época de Jesus, eles não detalham especificamente suas preferências alimentares. No entanto, com base no contexto histórico e cultural da Palestina do primeiro século, podemos fazer algumas inferências sobre os ali mentos que estavam disponíveis e provavelmente faziam parte da dieta de Jesus.

A dieta de Jesus provavelmente consistia em alimentos típicos da região mediterrânea e do Oriente Médio naquela época. Isso incluiria pão, peixe, azeite de oliva, frutas, legumes, tâmaras, figos, mel e possivelmente carne de cordeiro durante festividades religiosas. O pão desempenhava um papel central na dieta da época, e o peixe era uma fonte comum de proteína, especialmente na região da Galileia, onde Jesus passou grandeparte desua vida.

Jesus também participava das refeições tradicionais judaicas, que incluíam rituais como a bênção do pão, ações de graças e uma ênfase na partilha. As refeições eram momentos sociais importantes, onde as pessoas se reuniam para comer, conversar e compartilhar experiências.

É importante notar que o Novo Testamento menciona Jesus participando de banquetes e ceias, indicando uma abertura para diferentes tipos de alimentos. Por exemplo, o relato da Última Ceia destaca o pão e o vinho como símbolos importantes.

Embora os Evangelhos não forneçam uma lista detalhada dos alimentos específicos que Jesus consumiu, eles destacam a importância de temas como partilha, compaixão e generosidade. A comida muitas vezes servia como uma metáfora para ensinamentos mais profundos, enfatizando valores espirituais e éticos.

Em resumo, ao considerarmos o contexto histórico e cultural da Palestina no primeiro século, podemos inferir que a dieta de Jesus provavelmente consistia em alimentos comuns da região, como pão, peixe, azeite de oliva e frutas, enquanto ele participava de refeições sociais e rituais tradicionais judaicos.

O QUE JESUS CERTAMENTE COMEU - CARNE DE CORDEIRO E VACA

O que Jesus certamente comeu, considerando os costumes alimentares da época e a região em que viveu, incluiria alimentos básicos como carne de cordeiro e vaca. Na Palestina do século I, a dieta era predominantemente composta por produto s locais, refletindo a disponibilidade sazonal e as práticas agrícolas da região.

A carne de cordeiro era uma escolha comum, especialmente em ocasiões festivas e cerimônias religiosas, devido às tradições judaicas relacionadas aos sacrifícios no Templo de Jerusalém. A Páscoa judaica, por exemplo, envolvia o consumo de carne de cordeiro em memória do cordeiro pascal sacrificado durante a libertação dopovo de Israel do Egito.

Além disso, a carne de vaca também fazia parte da dieta, embora em menor escala em comparação com ocordeiro. No entanto, o consumo de carne bovina poderia ocorrer em diferentes contextos, como em celebrações ou eventos especiais. Produtos lácteos, como queijo e iogurte, provavelmente também estavam presentes na dieta, assimcomo pão, frutas, legumes e azeite de oliva.

É importante notar que as práticas alimentares variavam entre as diferentes comunidades e grupossociaisda época. A vida de Jesus na Galileia e na Judeia o colocaria em contato com uma variedade de alimentos locais e práticas culinárias específicas da região. Suas experiências alimentares, portanto, teriam refletido oambiente cultural diversificado emqueviveu.

O QUE JESUS MUITO PROVAVELMENTE COMEU

Explorar a alimentação de Jesus é um desafio intrigante, pois os relatos bíblicos fornecem algumas pistas, mas não detalham completamente suas escolhas alimentares. No entanto, considerando o contexto histórico e cultural da Palestina do primeiro século, podemos fazer algumas inferências sobre os alimentos que Jesus provavelmente consumiu.

A dieta de Jesus era, em grande parte, baseada nos alimentos disponíveis na região da Judeia duranteaquela época. O pão, por exemplo, era um elemento fundamental na alimentação daquela sociedade, e osgrãos eram cultivados abundantemente. O pão se m fermento, comumente associado à Páscoa judaica,provavelmente fazia parte de suas refeições.

Outros alimentos comuns na dieta mediterrânea da época incluíam azeite de oliva, peixes e frutas da região, como figos, tâmaras e uvas. Peixes, especialmente o peixe do Mar da Galileia, desempenhavam um papel significativo na alimentação da população local. A multiplicação dos pães e dos peixes, um milagreregistrado nos Evangelhos, destaca a importância desses alimentos na vida de Jesus.

Além disso, certamente, Jesus participou de refeições tradicionais judaicas, como as festividades e banquetes. Nessas ocasiões especiais, carnes, ervas amargas e vinho eram comuns. O vinho, em particular, desempenhou um papel importante nas práticas sociais e religiosas da época.

É interessante notar que Jesus também usou elementos da alimentação cotidiana como metáforas em seus ensinamentos, como quando se referiu a si mesmo como «o pão da vida» ou comparou o Reino dosCéus a um banquete. Essas referências mostram como os alimentos eram elementos simbólicos em sua mensagemespiritual.

No entanto, é crucial ter em mente que as interpretações sobre a dieta de Jesus baseiam-se em conjecturas históricas e culturais, já que os relatos bíblicos não oferecem detalhes específicos sobre suasescolhas alimentares do dia a dia.

O QUE JESUS NÃO COMIA

Embora a Bíblia não forneça um registro detalhado da dieta específica de Jesus,ela menciona alguns alimentos que eram parte integrante da sua cultura e época. Jesus viveu na Palestina durante o século I, em uma sociedade agrícola onde a dieta era baseada em alimentos locais disponíveis. Algumas passagens bíblicas indicam que Jesus consumia pão, peixe, vinho e frutas.

O pão era um alimento básico na dieta da época, e Jesus o utilizava simbolicamente em eventos como aÚltima Ceia. Ele também é associado a milagres de multiplicação de pães, como o relato da alimentação dos cinco mil.

O peixe era outra fonte importante de alimento na região, dado o acesso ao Mar da Galileia. Há várias referências na Bíblia sobre Jesus compartilhando peixe com seus seguidores e até mesmo preparando-o milagrosamente.

O vinho era uma bebida comum, e Jesus é conhecido por transformar água em vinho em um de seus milagres nas Bodas de Caná.

Em relação às restrições alimentares, Jesus seguiu as tradições alimentares judaicas de sua época. Issoincluía a observância das leis dietéticas do Antigo Testamento, como as leis sobre alimentos puros eimpuros encontradas no livro de Levítico. Portanto, é razoável supor que Jesus evitava alimentos considerado simpuros pelas leis judaicas.

No entanto, não há relatos específicos sobre Jesus evitando categorias específicas de alimentos. É importante notar que o Novo Testamento não fornece uma lista exaustiva do que Jesus comia ou nãocomia, e a ênfase de seus ensinamentos muitas vezes estava na espiritualidade e no amor ao próximo.

Em resumo, enquanto a Bíblia oferece algumas pistas sobre a dieta de Jesus com base nos costumes alimentares da época, ela não fornece uma descrição detalhada. O foco dos evangelhos está nos ensinamentos e nas ações de Jesus em relação à espiritualidade e ao amor, em vez de fornecer um guiadetalhado desua dieta diária.

O QUE JESUS BEBIA

A questão sobre o que Jesus bebia é frequentemente abordada com base empassagens bíblicas e tradições históricas. A Bíblia menciona o vinho em várias ocasiões, e Jesus é retratado compartilhando vinho com seus discípulos na Última Ceia. No entanto, a interpretação exata do tipo de vinho varia.

Durante o tempo de Jesus, o vinho desempenhava um papel significativo na cultura judaica, sendo consumido em refeições, celebrações e rituais religiosos. O vinho naquela época era frequentemente diluído com água, tornando-o menos alcoólico do que algumas bebidas modernas. Alguns estudiosos sugerem que o vinho consumido por Jesus poderia ter sido mais semelhante ao que conhecemos comovinho tinto ouvinho demesa hoje em dia.

Além do vinho, a água era uma bebida comum na região, especialmente devido às condições climáticas quentes. Há passagens na Bíblia que mencionam Jesus oferecendo água a pessoas sedentas e discutindo a água como um símbolo espiritual.

É importante notar que as representações do que Jesus bebia são interpretativas e baseadas em diferentes tradições e contextos culturais. As práticas alimentares e de consumo de bebidas na época eram influenciadas por fatores locais e regionais.

O QUE ACONTECEU EM CADA DIA DA SEMANA SANTA (SEGUNDO A BÍBLIA)

Sobre os eventos que ocorreram durante cada dia da Semana Santa, conformerelatadona Bíblia

Domingo de Ramos:

Jesus entra triunfalmente em Jerusalém montado em um jumento, sendo aclamado pela multidão com ramos de palmeira e roupas estendidas pelo caminho (Mateus 21:1-11).

Segunda-feira:

Não há relatos específicos na Bíblia sobre eventos que ocorreram neste dia durante a SemanaSanta. Alguns estudiosos sugerem que Jesus pode ter passado este dia em Betânia.

Terça-feira:

Jesus ensina no Templo, enfrentando desafios dos líderes religiosos e transmitindo importantes parábolas, como a das dez virgens é a dos talentos (Mateus 21:23-26:5).

Quarta-feira:

Este dia é frequentemente associado ao episódio de uma mulher não identificada que unge os pés de Jesus em Betânia, preparando-o simbolicamente para seu sepultamento (Mateus 26:6-13).

Quinta-feira Santa (Última Ceia):

Jesus celebra a Páscoa com seus discípulos, instituindo a Santa Ceia e revelando que um deles o trairá. Ele lava os pés dos discípulos como um exemplo de humildade e serviço (Mateus 26:17-75, Marcos 14:12-72, Lucas 22:7-62, João 13:1-38).

Sexta-feira Santa (Crucificação):

Jesus é traído por Judas e preso, enfrenta um julgamento noturno, é condenado à morte por crucificação e é crucificado no Calvário. Durante as últimas horas na cruz, ocorrem a escuridão sobre a terra, o véu do templo se rasga e Jesus entrega seu espírito (Mateus 27, Marcos 15, Lucas23, João 18:28-19:42).

Sábado Santo:

Jesus permanece no túmulo. Este dia é muitas vezes associado ao descanso de Jesus no sepulcroantes da ressurreição. As escrituras não fornecem muitos detalhes específicos sobre as atividades neste dia.

Domingo de Páscoa (Ressurreição):

Jesus ressuscita dos mortos, vencendo a morte. O túmulo vazio é descoberto pelas mulheres que foram ao sepulcro. Jesus aparece a várias pessoas, confirmando sua ressurreição (Mateus 28, Marcos 16, Lucas 24, João 20-21).

Estes são eventos significativos que compõem a narrativa da Semana Santa, representando a paixão, morte e ressurreição de Jesus Cristo, conforme registrados nos Evangelhos do Novo Testamento

QUAL É O SIGNIFICADO DE GETSÊMANI?

Getsêmani é um local mencionado nos Evangelhos do Novo Testamento da Bíblia, associado a um jardim onde Jesus Cristo passou a noite antes de sua crucificação. O termo "Getsêmani" tem origem no hebraico e significa "prensa de azeite" ou "lugar de prensar azeitonas". Aescolha desse nome é significativa, poissimboliza o lugar onde Jesus enfrentou intensas angúst ias e pressões espirituais e emocionais, semelhantes ao processo de espremer azeitonas para extrair o azeite.

O relato bíblico destaca a agonia de Jesus no Getsêmani, onde Ele se retirou para orar a Deus antes de suaprisão e crucificação. O Evangelho de Mateus (26:36-46), por exemplo, descreve Jesus como profundamente angustiado e triste, pedindo aos discípulos para vigiarem enquanto Ele orava. Durante sua oração, Jesus expressou submissão à vontade de Deus, mesmo diante do sofrimento iminente.

Getsêmani tornou-se um símbolo poderoso na tradição cristã, representando a submissão à vontadedivina, o enfrentamento das tribulações e a vitória sobre as provações. A experiência de Jesus no Getsêmani é vista como um exemplo de coragem, fé e entrega total a Deus, independentemente das dificuldades.

Além disso, Getsêmani também destaca a humanidade de Jesus, pois Ele experimentou emoções humanascomo tristeza, angústia e solidão. Essa dimensão emocional faz parte da mensagem cristã, pois Jesus é visto como o Salvador que compreende e compartilha as dores humanas.

Em resumo, Getsêmani é um lugar simbólico na narrativa cristã, representando o local onde Jesus enfrentou sua agonia espiritual antes de ser crucificado, e serve como um ponto focal para reflexão sobre asubmissão à vontade divina em momentos difíceis.

JESUS NO GETSÊMANI

O momento de Jesus no Getsêmani é um episódio crucial e emocionalmente intenso na narrativa bíblica, registrado nos evangelhos sinóticos, como Mateus 26:36-46, Marcos 14:32-42 e Lucas 22:39-46. Este evento ocorre imediatamente antes da prisão de Jesus e é marcado por profunda angústia e oração intensa.

No Getsêmani, que significa "prensa de azeite" em aramaico, Jesus foi acompanhado pelos seus discípulos mais próximos, Pedro, Tiago e João. Ele revelou a eles a tristeza e angústia que estava sentindo, chegandoa dizer que sua alma estava "profundamente triste até a morte". Jesus sabia o que estava prestes a acontecer: a traição por Judas, sua prisão, julgamento e crucificação.

A imagem de Jesus suando gotas como de sangue é uma representação poderosa da intensidade de seu sofrimento. Este fenômeno é conhecido como hematidrose, uma condição rara em que capilares sanguíneos se rompem sob grande estresse, resultando na mistura de sangue com o suor. Isso ilustra a extrema agonia física e emocional que Jesus enfrentava diante do peso da redenção da humanidade.

Em suas orações, Jesus pediu ao Pai que, se possível, afastasse dele o cálice da crucificação, mas submeteu-se à vontade divina, declarando: "Contudo, não seja como eu quero, mas como tu queres." Essa submissão à vontade de Deus reflete a natureza obediente e sacrificial de Jesus, que veio cumprir o plano divino de salvação.

O Getsêmani é um momento de profunda humanidade e divindade, onde Jesus experimentou o peso do pecado e a separação iminente de Deus, enquanto ao mesmo tempo demonstrava sua confiança e submissão ao plano redentor. Esse episódio serve como um poderoso testemunho da compaixão e empatiadeCristo pelos desafios e dores da condição humana.

O QUE PODEMOS APRENDER COM JESUS NO GETSÊMANI?

O episódio no Getsêmani, um jardim próximo a Jerusalém, é um momento crucialna narrativa bíblica e oferece diversas lições valiosas que transcendem as fronteiras do contexto religioso, proporcionando insights sobre a na tureza humana, a espiritualidade e a resiliência. Aqui estão algumas reflexões sobre o que podemos aprender com Jesus no Getsêmani:

Ahumanidade de Jesus: O relato do Getsêmani destaca a humanidade de Jesus, evidenciando suasemoções, como medo e angústia. Isso nos lembra que, mesmo sendo uma figura divina, Jesus experimentou as mesmas lutas e ansiedades que nós enfrentamos em nossas vidas.

Submissão à vontade divina: Ao orar "Não a minha vontade, mas a tua seja feita", Jesus nos ensinasobre a impo rtância da submissão à vontade de Deus. Essa atitude ressalta a confiança e a entrega total, independentemente das circunstâncias desafiadoras que enfrentamos.

O poder da oração: Jesus passou um tempo significativo em oração no Getsêmani, buscando força eorientação. Isso destaca a importância da oração em nossas próprias vidas, como uma ferramenta poderosa para encontrar consolo, direção e paz interior diante das adversidades.

Asolidão e o apoio emocional: Jesus pediu aos seus discípulos que o acompanhassem e vigiassemenquanto ele orava. No entanto, eles adormeceram. Esse episódio ressalta a necessidade do apoio emocional em momentos difíceis e também revela a sol idão que Jesus enfrentou. Isso nos faz refletirsobre a importância de estar presente para os outros em suas horas de necessidade.

O confronto com o sofrimento: O Getsêmani antecede a crucificação, e Jesus sabia do sofrimento que estava por vir. Sua disposição em enfrentar esse sofrimento é um exemplo de coragem e aceitaçãoda realidade, mostrando-nos que, por vezes, é necessário confrontar as dificuldades de frente para alcançar umpropósito maior.

Esperança e resiliência: Apesar da intensa agonia no Getsêmani, Jesus emergiu fortalecido e pronto para enfrentar o que estava à frente. Isso nos ensina sobre a importância da esperança e da resiliência,encorajando-nos a persistir nas adversidades, confiantes de que há luz além da escuridão.

Em última análise, o episódio no Getsêmani nos convida a refletir sobre nossa própria jornada, incentivando-nos a buscar força espiritual, enfrentar desafios com coragem e confiar na sabedoria divina, independentemente de nossa fé específica. Essas liç ões transcendentais continuam a ressoar através dosséculos, inspirando pessoas de diversas tradições e crenças.

A HISTÓRIADE JESUS

A história de Jesus é central para a tradição cristã e tem impactado profundamente a cultura, a filosofia e a espiritualidade ao longo dos séculos. Embora existam diferentes versões e interpretações, a narrativa comum estáregistrada nos Evangelhos do Novo Testamento da Bíblia.

Jesus de Nazaré, também conhecido como Jesus Cristo, nasceu por volta do ano 4 a.c. na cidade de Belém, na região da Judeia. Seu nascimento é celebrado no Natal pelos cristãos em todo o mundo. Filho deMaria e José, ele é considerado o Filho de Deus pelos cristãos, parte da Santíssima Trindade junto com Deus Pai eo Espírito Santo.

A vida pública de Jesus começou por volta dos 30 anos, quando ele foi batizado por João Batista no rioJordão. Após isso, ele iniciou seu ministério, pregando mensagens de amor, perdão e salvação. Suas palavras e ações atraíram seguidores, conhecidos como discípulos.

Jesus realizou muitos milagres, incluindo a cura de enfermos, a multiplicação de alimentos e a ressurreição de mortos. Suas parábolas, histórias simbólicas com ensinamentos morais, são amplamente conhecidas e ensinam princípios fundamentais do cristianismo.

Contudo, sua popularidade também atraiu a atenção das autoridades religiosas e políticas da época. Ele foi preso, julgado e condenado à crucificação sob a acusação de blasfêmia e alegações de desafio à autoridade romana. Jesus foi crucificado em uma sexta-feira, evento que os cristãos lembram na Sexta-Feira Santa.

A Páscoa, celebrada no domingo seguinte à crucificação, marca a ressurreição de Jesus, um evento central para a fé cristã. Acredita-se que sua ressurreição tenha vencido a morte e proporcionado a salvação para aqueles que creem nele.

Após a ressurreição, Jesus apareceu a seus discípulos antes de ascender ao céu. Seu ensinamento central, resumido no Grande Mandamento de amar a Deus e ao próximo como a si mesmo, continua a ser uma base ética paramuitos cristãos.

A história de Jesus é rica em significado espiritual, ético e moral para os cristãos e continua a inspirar milhões de pessoas ao redor do mundo. Sua influência se estende para além das fronteiras religiosas, moldando a história e a cultura de várias sociedades ao longo dos séculos.

O NASCIMENTO DE JESUS

Certamente! O nascimento de Jesus é um evento central na narrativa bíblica e écelebrado de maneiras significativas por milhões de pessoas em todo o mundo.

Conforme descrito nos evangelhos de Mateus e Lucas no Novo Testamento da Bíblia, o nascimento de Jesus ocorreu em Belém, uma pequena cidade na Judeia,durante o reinado de Herodes, o Grande.

De acordo com a narrativa, Maria, uma jovem virgem prometida em casamento a José, recebeu a visita do anjo Gabriel, que anunciou que ela conceberia um filho pelo Espírito Santo. José, inicialmente preocupado, foi tranquilizado pelo anjo em um sonho e aceitou sua missão de sero pai adotivo de Jesus.

O casal viajou de Nazaré a Belém por causa de um decreto do imperador romano César Augusto, queordenou um censo. Chegando em Belém, encontraram dificuldades para encontrar hospedagem, e Jesus acabou nascendo em um estábulo, onde foi colocado numa manjedoura.

A notícia do nascimento foi proclamada aos pastores da região por anjos que entoaram hinos de glória. Os pastores foram guiados à manjedoura, onde encontraram Maria, José e o recém-nascido Jesus.

Posteriormente, os Magos, ou Reis Magos, guiados por uma estrela, viajaram de longe para adorar o novo rei, trazendo presentes de ouro, incenso emirra.

O nascimento de Jesus é considerado pelos cristãos como o cumprimento de profecias do Antigo Testamento, anunciando a vinda do Messias. A celebração do Natal, que marca o nascimento de Jesus, é uma ocasião de alegria e reflexão espiritual para muitos cristãos ao redor do mundo. Além das tradições religiosas, o Natal também se tornou um momento de confraternização, presentes e atos de bondade.

A VIDA DE JESUS

A vida de Jesus é um tema central na história e teologia cristãs, sendo retratada nos Evangelhos do Novo Testamento da Bíblia, que incluem os livros de Mateus, Marcos, Lucas e João. O relato da vida de Jesus começa com seu nascimento em Belém, uma cidade na província romana da Judeia, por volta do ano 4 a.c. De acordo com as escrituras, Maria, uma virgem, concebeu Jesus pelo Espírito Santo.

Os Evangelhos destacam os ensinamentos de Jesus, que eram frequentemente apresentados em parábolas e sermões. Seus ensinamentos enfatizavam o amor, a compaixão, o perdão e a justiça, desafiando as normas culturais da época. Ele também realizou muitos milagres, como curas, multiplicaçãode alimentos e controle sobre a natureza, que serviramcomo sinais do seu poder divino.

A vida pública de Jesus durou cerca de três anos, durante os quais ele atraiu uma grande multidão deseguidores. No entanto, sua mensagem também gerou oposição das autoridades religiosas e políticas da época. Ele foi julgado e c ondenado à crucificação sob ordens do governador romano Pôncio Pilatos, um evento central na narrativa cristã conhecido como a Paixão.

Os cristãos acreditam que a morte de Jesus não foi o fim da história, mas sim um sacrifício redentor pelospecados da humanidade. A ressurreição, conforme descrita nos Evangelhos, é considerada um evento fundamental, simbolizando a vitória sobre o pecado e a morte. Após a ressurreição, Jesus apareceu aosseus discípulos e seguidores antes de ascender ao céu.

A mensagem de Jesus, conhecida como o Evangelho, continuou a ser propagada pelos apóstolos e outrosseguidores, formando a base do cristianismo. A vida de Jesus é, portanto, uma parte central da fé cristã, e sua influência se estende muito além d o contexto histórico, moldando a cultura, a ética e a espiritualidade ao longo dos séculos.

A CRUCIFICAÇÃO E MORTE DE JÉSUS

A crucificação e morte de Jesus Cristo são eventos centrais na narrativa do NovoTestamento da Bíblia, especificamente nos Evangelhos de Mateus, Marcos, Lucase João. Esses relatos descrevem o julgamento, a crucificação e a subsequente morte de Jesus, que são fundamentais para a teologia cristã e a compreensão da redenção e salvação.

O processo que levou à crucificação começou com a traição de Jesus por Judas Iscariotes, um de seusdiscípulos. Jesus foi então julgado pelas autoridades judaicas e romanas, sendo condenado à morte por crucificação. Este método de execução era uma forma brutal e humilhante utilizada pelos romanos para punircriminosose escravos rebeldes.

Após o julgamento, Jesus foi flagelado e carregou sua própria cruz até o local da crucificação, chamado Gólgota. Lá, ele foi pregado na cruz e permaneceu suspenso entre o céu e a terra por várias horas. Durante esse temp o, Jesus sofreu intensamente, tanto fisicamente quanto espiritualmente, conforme descrito nos Evangelhos.

O significado teológico da crucificação é central para a fé cristã. De acordo com a doutrina cristã, a morte de Jesus na cruz tem profundo significado redentor e expiatório. Acredita-se que Jesus tenha sacrificado sua vida para expiar os pecados da humanidade, reconciliando a humanidade com Deus. Sua morte é vistacomo o cumprimento de profecias do Antigo Testamento e como o caminho para a salvação e a vida eterna.

Os relatos bíblicos também destacam eventos sobrenaturais que ocorreram durante a crucificação, comotrevas sobre a terra e o véu do templo sendo rasgado. Além disso, as palavras que Jesus pronunciou durante sua crucificação, incluindo a famosa frase "Pai, perdoa-lhes, porque não sabem o que fazem", sãoconsideradas expressões de perdão e compaixão, enfatizando o amor divino mesmo diante da morte.

A ressurreição de Jesus, que é celebrada pelos cristãos na Páscoa, é crucial para a compreensão completa do evento da crucificação. A ressurreição confirma a vitória de Jesus sobre a morte, sela a promessa davida eterna e valida a missão reden tora que Ele cumpriu na cruz. Esses eventos, crucificação e ressurreição, são essenciais para a fé cristã e continuam a ser temas centrais na teologia, liturgia ereflexãoespiritual doscristãosemtodo omundo.

A RESSURREIÇÃO DE JESUS

A ressurreição de Jesus é um evento central na fé cristã, considerado o ápice da narrativa bíblica do Novo Testamento. Segundo os Evangelhos, Jesus foi crucificado e morto, mas três dias depois, no domingo de Páscoa, Ele ressuscitou dos mortos. Esse acontecimento é celebrado como a vitória sobre o pecado e a morte, e é fundamental para a mensagem cristã da redenção e da esperança.

A ressurreição de Jesus é mencionada nos quatro Evangelhos: Mateus, Marcos, Lucas e João, cada um oferecendo uma perspectiva única sobre os eventos que cercam esse miraculoso acontecimento. As testemunhas oculares, principalmente as mulheres que visitaram o túmulo vazio e os discípulos que encontraram Jesus ressuscitado, desempenham um papel crucial nessa narrativa.

Além de seu significado espiritual, a ressurreição de Jesus tem implicações teológicas profundas. Os cristãos acreditam que a ressurreição confirma a divindade de Jesus e a eficácia de Seu sacrifícioexpiatório na cruz.

Ela simboliza a promessa da vida eterna para aqueles que creem nele.

Ao longo dos séculos, a ressurreição de Jesus tem sido tema de reflexão teológica, debates e debates históricos. Apologistas cristãos e estudiosos têm abordado a evidência histórica e teológica desse evento, enquanto céticos questionaram sua autentic idade. Independentemente das interpretações individuais, a ressurreição permanece como um pilar fundamental da fé cristã, inspirando adoração, gratidão e alicerçando a esperança na promessa da vida após a morte.

A VOLTADE JESUS

A "Volta de Jesus" é um conceito profundamente enraizado em muitas tradições religiosas, especialmente no Cristianismo. Refere-se à crença de que Jesus Cristo retornará à Terra em algum momento futuro para cumprir profecias, julgar a humanidade e estabelecer um reino divino. Embora as interpretações dessa ideia possam variar entre as diferentes correntes cristãs, a essência geral é a mesma.

De acordo com a tradição cristã, a ideia da volta de Jesus está principalmente fundamentada nas Escrituras, especialmente no Novo Testamento da Bíblia. Livros como Mateus, Marcos, Lucas e Apocalipsecontêm passagens que são frequentemente interpretada s como profecias sobre o retorno de Cristo. Essas profecias incluem sinais e eventos que precederiam a sua vinda, como guerras, terremotos e eventos cósmicos.

Além disso, a natureza exata da Segunda Vinda de Jesus é objeto de interpretações variadas. Algumascorrentes cristãs acreditam em uma volta literal e visível de Jesus, enquanto outras interpretam essas passagens de maneira mais simbólica ou espiritual. O período que antecede a sua volta é muitas vezes associado a desafios e tribulações para a humanidade, seguidos por um período de paz e justiça sob o reinado de Cristo.

É importante notar que diferentes denominações cristãs têm perspectivas distintas sobre este tema, resultando em diversas doutrinas escatológicas. Algumas correntes se concentram mais nas interpretaçõesliteralistas das profecias bíblicas, enquanto outras adotam abordagens mais alegóricas ou simbólicas.

Independentemente das interpretações individuais, a crença na volta de Jesus desempenha um papel significativo na fé cristã, influenciando a espiritualidade, a moralidade e as expectativas sobre o futuro. A antecipação dessa volta é frequentemente acompanhada pela exortação aos crentes para estarem preparados, viverem de acordo com os ensinamentos de Cristo e manterem a esperança na promessa deumnovo eredentor reino.

Cristo voltará para julgara humanidade e destruir completamente o mal no Juízo Final.

No contexto teológico cristão, a crença na segunda vinda de Cristo é fundamental e está associada à promessa de que ele retornará para julgar a humanidade no evento conhecido como o Juízo Final. Este conceito é encontrado em diversas pass agens bíblicas, como no Novo Testamento, em trechos como Mateus 25:31- 46 e Apocalipse 20:11-15.

A ideia central é que, no fim dos tempos, Jesus Cristo retornará à Terra para exercer seu papel de juiz divino. Durante esse Juízo Final, a humanidade será avaliada em termos de suas ações, crenças e relacionamento com Deus. Os justos serão recompensados com a vida eterna, enquanto os ímpiosenfrentarão a condenação.

A destruição completa do mal é uma parte significativa dessa narrativa escatológica. Acredita-se que, como retorno de Cristo, o mal será erradicado e a justiça divina prevalecerá. O conceito de Juízo Final carrega consigo a ideia de um acerto de contas final, onde cada indivíduo será responsável por suas escolhas e ações ao longo da vida terrena.

Essa crença no Juízo Final tem influenciado não apenas a teologia cristã, mas também a arte, a literatura ea cultura em geral ao longo dos séculos. A ênfase na importância da moralidade, ética e relacionamento com o divino faz parte desse ensinamento, buscando orientar as pessoas a viverem de acordo com os princípios religiosos para alcançara vida eterna na presença de Deus.

O QUE É TRANSUBSTANCIAÇÃO NA BÍBLIA

A transubstanciação é um conceito teológico específico associado à doutrina católica da Eucaristia, que é a celebração da Última Ceia de Jesus Cristo com seus discípulos. Segundo a tradição católica, durante a Eucaristia, o pão e o vinhoconsagrados tornam-se literalmente o corpo e o sangue de Cristo.

A base bíblica para esse conceito é encontrada nas palavras de Jesus durante a Última Ceia, conforme registradas nos Evangelhos. Em particular, as passagens de Mateus 26:26-28, Marcos 14:22-24, Lucas 22:19-20 e 1 Coríntios 11:23-25 são frequentemente citadas nesse contexto.por exemplo, em Mateus 26:26-28 (NVI), Jesus diz:

"Enquanto comiam, Jesus tomou o pão, deu graças, partiu-o, e o deu aos seus discípulos, dizendo: 'Tomem e comam; isto é o meu corpo'. Em seguida, tomou o cálice, deu graças e o ofereceu aos discípulos,dizendo: 'Bebam dele todos vocês. Isto é o meu sangue da aliança, que é derramado em favor de muitos, para perdão depecados'."

Os defensores da transubstanciação argumentam que as palavras de Jesus devem ser interpretadas literalmente, e não simbolicamente, levando à crença de que o pão e o vinho realmente se transformam nasubstância do corpo e do sangue de Cristo durante a celebração da Eucaristia.

É importante notar que outras tradições cristãs interpretam essas passagens de maneira simbólica, acreditando que o pão e o vinho representam o corpo e o sangue de Cristo de maneira espiritual, mas nãopassam por uma transformação literal. A interpretação da transubstanciação é única para a teologia católica romana.

TRANSUBSTANCIAÇÃO É A DOUTRINA CATÓLICA QUE ENSINA QUE O PÃO E OVINHO DA SANTA CEIA SE TORNAM NA CARNE E NO SANGUE DE JESUS.

A doutrina da Transubstanciação é um dos princípios fundamentais da fé católica, centralizando-se na transformação sacramental do pão e do vinho durante a celebração da Santa Ceia, também conhecida como a Eucaristia. Essa crença é profundamente enraizada na tradição cristã e tem sido uma fonte de significado espiritual para os católicos ao longo dos séculos.

De acordo com a doutrina católica, durante a consagração realizada pelo sacerdote durante a Missa, ocorre uma mudança real e substancial na essência do pão e do vinho. Embora os elementos externos – aparência, gosto, cheiro – permaneçam inalterados, a substância, de acordo com a fé católica, é transformada na presença real do corpo e do sangue de Jesus Cristo.

A base teológica para a Transubstanciação é encontrada nas palavras de Jesus durante a Última Ceia, registradas nos Evangelhos, em particular nos relatos de Mateus, Marcos, Lucas e Paulo. Jesus teria dito:"Isto é o meu corpo" ao segurar o pão e "Este é o meu sangue" ao oferecer o cálice de vinho. Os católicos interpretam essas palavras de maneira literal, acreditando que Jesus estava instituindo um sacramento noqual Eleestaria verdadeiramente presente.

A Eucaristia, vista como a presença real de Cristo, é considerada o ápice da adoração católica e é celebrada regularmente durante a Missa. A participação neste sacramento é vista como uma maneira de os fiéis se unirem mais intimamente a Cristo e à comunidade da Igreja. A doutrina da Transubstanciação também desempenha um papel significativo na compreensão católica da mis sa como um sacrifício, renovando de maneira mística o sacrifício de Cristo na cruz.

É importante notar que a crença na Transubstanciação é distintiva da tradição católica e não é compartilhada por todas as denominações cristãs. As diferentes tradições cristãs têm abordagens variadas em relação à natureza da Eucaristia.

O QUE A BÍBLIA DIZ SOBRE TRANSUBSTANCIAÇÃO?

A transubstanciação é uma doutrina teológica específica associada principalmente à Igreja Católica, que afirma que durante a celebração da Eucaristia (ou Santa Missa), o pão e o vinho realmente se tornam o corpo e osangue de Jesus Cristo. Esta crença é baseada na interpretação de passagens bíblicas, especialmente aquelas registradas nos Evangelhos durante a ÚltimaCeia.

O fundamento bíblico para a transubstanciação é frequentemente associado às palavras de Jesus durantea Última Ceia, onde Ele instituiu a Eucaristia. Nos Evangelhos de Mateus (26:26-28), Marcos (14:22-24) e Lucas (22:19-20), Jesus diz aos discípulos: "Tomai, comei; isto é o meu corpo" referindo-se ao pão, e "Bebei dele todos; porque isto é o meu sangue" referindo-se ao vinho.

A interpretação católica da transubstanciação é baseada na ideia de que, embora os elementos da Eucaristia mantenham a aparência de pão e vinho, a substância real é transformada no corpo e sangue deCristo. Isso é sustentado pela autoridade da Igreja e por tradições teológicas que se desenvolveram ao longo dos séculos.

Outras tradições cristãs têm abordagens diferentes em relação à Eucaristia. Por exemplo, as igrejas protestantes geralmente adotam uma visão simbólica ou memorialista da Ceia do Senhor, onde o pão e o vinho são considerados símbolos do corpo e sangue de Cristo, mas não passam por uma mudança real desubstância.

É importante notar que as interpretações teológicas podem variar significativamente entre as diferentes denominações cristãs, refletindo as distintas doutrinas e práticas litúrgicas de cada uma.

ADORAR O PÃO E O VINHO COMO SE FOSSEM JESUS

Adorar o pão e o vinho como se fossem Jesus vai além de uma simples apreciação gastronômica; é uma expressão de fé profundamente enraizada em tradições religiosas, especialmente na tradição cristã, ondeesses elementos desempenham um papel central na Eucaristia.

O ato de adorar o pão e o vinho como se fossem o próprio corpo e sangue de Jesus Cristo tem suas raízesna Última Ceia, onde Jesus instituiu a prática durante a celebração da Páscoa com seus discípulos. Nas palavras de Jesus, registradas nos evangelhos, ele afirma que o pão é o seu corpo e o vinho é o seu sangue, e instrui os seguidores a repetirem esses gestos em sua memória.

Assim, a adoração do pão e do vinho vai além do aspecto físico e sensorial da comida e da bebida. Para os crentes, a Eucaristia representa a comunhão íntima com o divino, uma oportunidade de se conectar espiritualmente com Jesus Cristo. Acreditam que, durante a celebração, ocorre uma transformação sacramental, tornando o pão e o vinho veículos da presença de Cristo.

Ao adorar o pão e o vinho como se fossem Jesus, os fiéis expressam sua devoção e reconhecem a importância do sacrifício de Cristo em suas vidas. Essa prática simboliza a aceitação da mensagem cristãsobre redenção, perdão e renovação espiritual, enfatizando a crença na presença real de Jesus na Eucaristia.

Portanto, adorar o pão e o vinho não é apenas um ato simbólico, mas uma expressão de fé profunda e umamaneira de vivenciar espiritualmente a presença de Jesus na vida cotidiana. Esse gesto não se limita ao momento da celebração religiosa, mas é estendido à vida diária, influenciando a perspectiva e as escolhas dos crentes.

A importância da Ceia reside na recordação do sacrifício de Jesus e na comunhão dos crentes entre si e com Deus. Ela também serve como um lembrete da esperança cristã na ressurreição e na promessa da vida eterna.

As palavras de Jesus durante a instituição da Ceia são frequentemente repetidas durante o ritual, enfatizando a significância espiritual e a reverência ao ato. "Fazei isto em memória de mim" (1 Coríntios 11:24-25) é uma instrução que ecoa ao longo da história cristã, unindo os crentes em uma expressão comum de fé e lembrança.

Assim, a Ceia do Senhor permanece como uma prática central na adoração cristã, fortalecendo a conexão dos crentes com a história da salvação e promovendo a comunhão espiritual entre os membros da fé.

A Ceia do Senhor, também conhecida como Santa Ceia ou Eucaristia, é um sacramento central no Novo Testamento da Bíblia, simbolizando a comunhão dos crentes com Deus e uns com os outros. Este ritual sagrado foi instituído por Jesus Cristo durante a Última Ceia com seus discípulos, conforme registrado nos Evangelhos (Mateus 26:26-29, Marcos 14:22-25, Lucas 22:14-20, 1 Coríntios 11:23-26).

Ao participar da Ceia, os cristãos relembram a morte sacrificial de Jesus na cruz e celebram a redenção alcançada por meio de seu sangue derramado. Através do pão e do vinho, que representam o corpo e o sangue de Cristo, os crentes expressam sua fé na expiação e na nova aliança estabelecida por Jesus.

O apóstolo Paulo destaca a importância desse sacramento em 1 Coríntios 11, alertando para a seriedade da participação na Ceia e enfatizando a necessidade de autoexame antes de participar, para que os crentes não a recebam de maneira indigna.

A Ceia do Senhor não apenas aponta para o passado, mas também para o futuro, antecipando a promessa da festa celestial que os crentes desfrutarão na presença de Deus. Jesus instruiu seus seguidores a continuarem celebrando a Ceia em sua memória até que Ele retorne (1 Coríntios 11:26).

Além disso, a Ceia do Senhor é uma expressão tangível da unidade da comunidade cristã, já que os participantes compartilham do mesmo pão e do mesmo cálice, simbolizando a unidade em Cristo. Essa prática sagrada continua a ser uma fonte de conforto espiritual, fortalecimento da fé e comunhão entre os crentes ao redor do mundo, unidos pela memória e esperança na obra redentora de Jesus Cristo.

A Ceia do Senhor significa dar e receber o pão e o vinho de acordo com a ordem do nosso Senhor Jesus Cristo.

A prática da Ceia do Senhor é uma expressão significativa de comunhão e fé dentro da tradição cristã. Os versículos bíblicos que orientam essa cerimônia estão intrinsecamente ligados ao relato do último jantar que Jesus teve com seus discípulos antes de sua crucificação. Nas palavras de Paulo, em 1 Coríntios 11:23-26, encontramos uma descrição detalhada do evento e das instruções deixadas por Jesus:

"Porque eu recebi do Senhor o que também vos ensinei: que o Senhor Jesus, na noite em que foi traído, tomou o pão; e, tendo dado graças, o partiu e disse: 'Isto é o meu corpo, que é dado por vós; fazei isto em memória de mim.' Do mesmo modo, depois de haver ceado, tomou também o cálice, dizendo: 'Este cálice é a nova aliança no meu sangue; fazei isto, todas as vezes que o beberdes, em memória de mim.' Porque todas as vezes que comerdes este pão e beberdes este cálice anunciais a morte do Senhor, até que ele venha."

Essas palavras ressoam através dos séculos, conectando os crentes àquela noite especial e ao sacrifício redentor de Jesus. A Ceia do Senhor, então, torna-se um ato simbólico de relembrança, gratidão e comunhão espiritual. Ao compartilhar o pão e o vinho, os fiéis reafirmam sua fé na redenção proporcionada pelo sacrifício de Cristo e sua conexão uns com os outros como membros do corpo de Cristo.

A prática da Ceia do Senhor varia entre as denominações cristãs, mas a essência da cerimônia permanece centrada nos princípios estabelecidos por Jesus durante aquele último jantar. Independentemente das nuances litúrgicas, a celebração continua a ser um testemunho vivo da mensagem do Evangelho e da importância da comunhão entre os crentes. Assim, a cada participação na Ceia do Senhor, os fiéis renovam seu compromisso com os ensinamentos de Jesus e proclamam a esperança da vida eterna que Ele oferece.

Nos Evangelhos, encontramos a significativa narrativa que estabelece os fundamentos da Ceia do Senhor. No ápice da Última Ceia, um momento transcendental que ecoaria através dos séculos, Jesus, o Mestre, toma o pão. Esse gesto não é apenas um ato ritualístico, mas um simbolismo profundo que transcende o tempo e o espaço. Ao tomar o pão, Cristo, em sua divina humildade, prenuncia seu sacrifício iminente.

Ao lado desse pão, o cálice é erguido, e novamente, uma ação ordinária se torna extraordinária nas mãos do Salvador. O cálice representa o sangue, derramado por amor à humanidade, selando a Nova Aliança.

Nesse ato simbólico, o pão e o cálice convergem, tornando-se símbolos sagrados que transmitem a essência da fé cristã.

"A Ceia do Senhor proclama a morte de Cristo." Essa proclamação transcende a narrativa histórica e se torna uma mensagem eterna. A morte de Cristo não é apenas um evento passado, mas um testemunho contínuo da redenção e graça divina, ecoando através das eras.

A proclamação, contudo, não é apenas uma recordação, mas também um convite à comunhão espiritual. "A Ceia do Senhor tem como propósito edificar espiritualmente o povo pactual." Neste ato sagrado, os crentes não apenas recordam o sacrifício, mas são edificados espiritualmente, renovando sua fé e fortalecendo os laços com Deus e com a comunidade de crentes.

Assim, a Ceia do Senhor transcende o tempo e o espaço, conectando os cristãos à narrativa redentora de Cristo e nutrindo-os espiritualmente na jornada da fé. Cada vez que o pão é partido e o cálice é compartilhado, a presença divina é renovada, ecoando as palavras do Mestre: "Fazei isto em memória de mim."